LE ROI ARTHUR

"Ecoutez, messires et dames, que Dieu vous aide!
Vous plaît-il ouïr histoire vaillante,
Grandes batailles et forts combats méchants
Mais aussi bonne chanson, courtoise et avenante?"

Quand l'Histoire se tait sur Arthur, le roi-chevalier conquérant de toute
l'Europe, du Nord au Sud, demeure l'éternel envoûtement de la
Légende "bretonne". Dans la Grande comme dans la Petite Bretagne,
dans les brumes de Cornouailles comme aussi dans les forêts
d'Armorique, rôdent encore aujourd'hui les fantômes d'Arthur et de ses
compagnons. Ils sont là, partout et nulle part – mais surtout en nous.

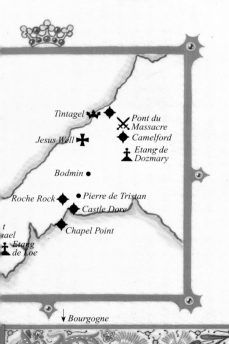

✕ Sites des batailles du roi Arthur.

♕ Lieux de naissance prêtés à Arthur.

✝ Endroits où Arthur est censé être mort
ou reposer endormi.

◆ Endroits où l'on a situé la Table Ronde
et étroitement associés aux récits de
chevalerie.

🏰 Collines-forts qui peuvent avoir été
Camelot.

★ Endroits étroitement associés à Merlin.

⚔ Endroits en relation avec Excalibur.

Le mystère d'Arthur

Anoeth bid bet y Arthur
L'énigme du monde, la tombe d'Arthur

TEXTE GALLOIS, 9ᵉ ou 10ᵉ siècle

a vie du roi Arthur est une énigme frustrante. Rien n'indique de façon concluante son règne aux cinquième et sixième siècles: pas de récit de son couronnement par des témoins oculaires, pas de manuscrit indiscutable détaillant ses faits et gestes, pas d'édifice comportant, gravée dans la pierre, une inscription "Arthur était ici". Bref, aucune preuve! Comment alors expliquer la riche tapisserie des traditions arthuriennes, qui nous a été si fidèlement transmise à travers les siècles? Ont-elles un quelconque fondement historique?

Les quatrième et cinquième siècles virent d'importants déplacements de tribus et de groupes raciaux entiers vers l'Ouest de l'Europe, ce qui détruisit la cohésion de l'Empire romain. Quand le flux des attaques barbares commença à battre les rivages des îles britanniques, les habitants lui opposèrent une résistance indépendante des structures chancelantes de l'Empire. Ils se cramponnèrent à leur statut romain dans les grandes villes (Caerleon, par exemple). Mais, devant le flot montant, ceux qui luttèrent et survécurent dans le chaos des siècles suivants s'inspirèrent de fragments de traditions et de modèles de gouvernement civil et militaire. Arthur fut-il le plus remarquable, le plus solide des rocs dressés au-dessus de la marée des ruines?

CI-DESSUS: Les vestiges de l'amphithéâtre romain de Caerleon, dans le Sud du Pays de Galles où, d'après certains auteurs, Arthur tint sa cour. "Le royaume de Logres" était un pays aux contours mal définis, dont le nom venait du terme gallois désignant l'Angleterre.

CI-CONTRE: Arthur arrive à Caerleon pour y tenir sa cour. Illustration du 12ᵉ siècle tirée du poème *Brut* de Layamon, *env.*1190.

Le roi Arthur, ce preux chevalier et courtois seigneur, se déplaça vers le Pays de Galles et il s'établit à Caerleon-on-Usk, pour ce que les Pictes et les Ecossais causaient grand dommage dans le pays. Car c'était la coutume des peuples sauvages du Nord d'envahir le royaume de Logres et de brûler et ravager à leur guise. Au temps de Pentecôte, le roi fit proclamer une grande fête.

Le lai de Sire Lanval, MARIE DE FRANCE, XXIIe siècle

Arthur menait grand train, avec faste. Il régla le cérémonial des cours et avait un port si majestueux et si somptueux que ni la cour de l'Empereur de Rome ni aucune autre vantée par quiconque ne soutenait la moindre comparaison avec celle du roi.

Le roman de Brut, WACE, ENV.1155

CI-CONTRE: Le roi Arthur au combat contre l'empereur romain Lucius. Episode imaginaire qui toutefois incorpore peut-être une vague réminiscence des exploits du personnage arthurien du nom de Riothamus.

Seigneurs de guerre et enchanteurs

Les féroces maraudeurs nomades, dont les attaques ébranlèrent puis submergèrent les "Bretons" romains, étaient des Saxons. Comme le prouvent leurs objets funéraires, ils semblent être venus surtout de la région située entre le Zuiderzée et la pointe Nord du Danemark. Cependant, arrivés en Grande Bretagne, ils adoptèrent le nom collectif d'*Engle* ou *Englisc*, que les auteurs qui écrivaient en latin traduisirent par *Angli*. Anglais est probablement le nom le meilleur et le plus approprié pour désigner les envahisseurs, du moins après qu'ils eurent commencé à se sédentariser. Ils ne tardèrent pas à revendiquer un droit du sol, qualifiant les natifs d'étrangers (*wealh*, ou *wylisc* en vieil anglais, correspondant à Welsh en anglais moderne).

Les raids commencèrent avant la fin du troisième siècle, et une sérieuse escalade se produisit lorsque les Saxons s'allièrent aux Pictes du Nord du mur d'Hadrien et aux farouches Celtes d'Irlande (parfois abusivement appelés Scots).

Afin d'endiguer ces raids catastrophiques, on persuada un puissant chef de guerre des marches septentrionales, du nom de Cunedda, d'aller s'installer avec son peuple, les Vitadini, en Galles du Nord, d'où il résisterait aux envahisseurs d'Irlande. Le cerveau de ce mouvement semble avoir été un homme connu de ses contemporains et des historiens sous le nom de Vortigern. Mais Vortigern n'est pas un nom propre: c'est un titre ou une description qui signifie "Surroi". Celui-ci, donc, était un chef largement accepté par les britanniques romains. Vortigern incarnait leur réaction devant l'incapacité du gouvernement impérial à envoyer des renforts à sa province assiégée. Et, dans la meilleure tradition du commandement militaire romain, Vortigern entreprit de résoudre

CI-DESSOUS: Le légendaire Vortigern essaya de bâtir une forteresse sur le Dinas Emrys, dans le massif du Snowdown; mais les fondations de la tour ne cessaient de s'enfoncer et un devin du nom d'Ambrosius ou Emrys révéla l'existence d'une caverne abritant deux dragons, l'un blanc et l'autre rouge. Quand on désobstrua la caverne, les dragons se battirent sous les yeux du roi. Le rouge, (symbole du Pays de Galles) l'emporta. Quand Emrys expliqua que c'était là un symbole de la lutte entre Saxons et Britons, Vortigern lui remit la colline – d'où son nom de Dinas Emrys.

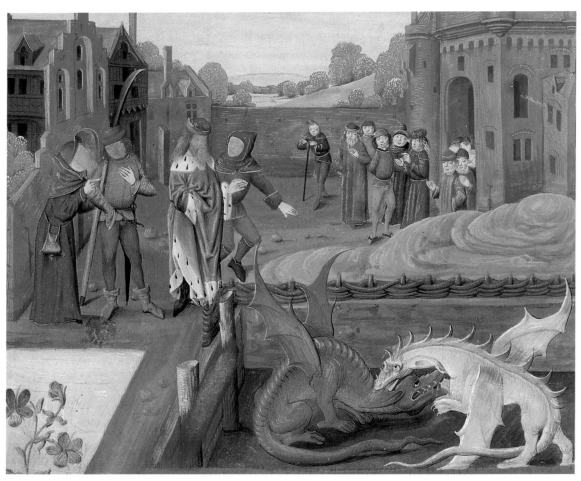

CI-DESSUS: Le Château de Comper-en-Brocéliande (environ 5 km au nord de Paimpont): vue d'une partie de l'enceinte fortifiée (XIVᶜ siècle). Le logis du château est bordé par le Grand Etang. Merlin aurait créé cet étang pour masquer aux yeux des humains le château de cristal qu'il avait construit pour la fée Viviane, la Dame du Lac. Dans cette demeure enchantée, elle éleva Lancelot et fit de lui le meilleur des Chevaliers de la Table Ronde. Aujourd'hui, Comper abrite les expositions et les animations, consacrées aux légendes celtiques, du Centre de l'Imaginaire Arthurien.

A DROITE: Illustration du poème de Tennyson "Vivien" (=Viviane). Merlin modifie les armoiries qu'un jeune écuyer peint sur son écu: leçon d'humilité et de patience pour l'ambitieuse Viviane.

le problème posé par les Barbares en les dressant les uns contre les autres. Non seulement il réussit à redéployer Cunedda contre les envahisseurs d'Irlande, mais il continua à enrôler un nombre important de guerriers saxons (sous la conduite de Hengist, d'après la tradition) pour couper le passage aux Pictes.

La stratégie de Vortigern semble avoir eu une efficacité presque totale, au moins pour un temps; on a décrit les années 410 à 442 comme la dernière époque de la Grande Bretagne romaine. Mais la paix instaurée par Vortigern devint la cause de sa perte – ses partisans en vinrent à ne plus supporter le coût des mercenaires saxons qui assuraient la sécurité de leurs domaines et, vers le milieu du cinquième siècle, surgit une querelle qui dégénéra en féroce guerre civile.

Une force armée importante de Bretons romains prit par la suite la tête d'un exode massif vers la "Petite Bretagne", l'Armorique, province de Gaule (la Bretagne et la Normandie actuelles) où ils s'installèrent et furent ensuite un facteur important dans l'histoire de ce qui deviendrait la France. Ceux de Normandie finirent par être assimilés puis débordés par les conquérants de 1066; mais le groupe breton préserva son identité, son langage et les traditions arthuriennes, parties intégrantes de sa culture.

LA LEGENDE DE MERLIN

Merlin Ambrosius, pour lui donner son nom complet, naquit dans la ville appelée actuellement Carmarthen, au Sud-Ouest du Pays de Galles. Sa mère était une pieuse chrétienne mais on disait de son père que c'était un démon envoyé pour créer un homme aux pouvoirs surnaturels afin de combattre la foi chrétienne. Merlin hérita de ses dons divinatoires et magiques mais non de la méchanceté de son père.

Grâce à sa magie, Uther engendra Arthur. Merlin fut le conseiller du père et du fils. La forêt de Brocéliande "dont Bretons vont souvent fablant" (Wace), aurait été le cadre de l'amour tragique de Merlin pour Viviane, la "Dame du Lac", qui finira par l'y enfermer à jamais. Pour quelques auteurs, Brocéliande serait la forêt de Paimpont, autrefois immense.

les invasions saxonnes déboulè-
rent parmi les populations insulaires de la Grande Bretagne
du cinquième siècle avec une
violence écrasante, catastrophique.

Au point de vue de la culture, le choc fut
un traumatisme, mettant fin brutalement à
une époque, détruisant et altérant les mémoi-
res collectives et déclenchant en compensa-
tion la création de mythes et de contes.

Le processus qui transforma les mercenaires saxons en colons anglais ne fut pourtant pas tout à fait soudain et violent; ce fut
souvent une infiltration plutôt qu'une
invasion. Mais il est certain qu'il y eut une
résistance et qu'elle fut parfois efficace.
L'archéologie nous fournit des preuves plus
sûres, plus objectives que les sources littérai-
res douteuses de cette époque perturbée.
Principalement à l'intérieur d'une ligne allant
du Wiltshire et des limites du Gloucester-
shire le long de la vallée supérieure de la
Tamise jusqu'à la région de Cambridge, les
vestiges mis au jour montrent à n'en pas
douter que les "Bretons" résistèrent à la fin

CI-CONTRE: **Mordret
attaque la Tour de
Londres. Cette illustra-
tion, du 12ᵉ siècle,
d'un des épisodes les
plus obscurs de la
légende arthurienne
montre toutefois le
recours aux fortifica-
tions, caractéristique et
faiblesse de la politique
militaire anglaise,
avant comme après la
période d'Arthur.**

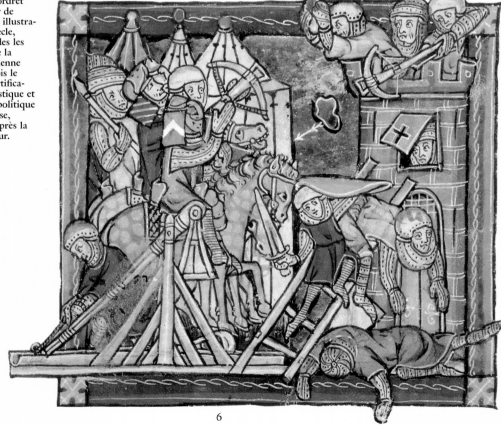

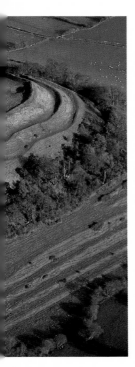

CI-DESSUS: La colline de South Cadbury (Somerset) a été une place forte depuis l'époque néolithique. Des preuves archéologiques montrent qu'elle était une forteresse de première importance et le siège du gouvernement entre le 5ᵉ et le 6ᵉ siècle. Quand ce site de 7ha renfermait une très grande salle et de solides fortifications, c'était plus qu'un camp ou même une citadelle: c'était, d'évidence, la base permanente d'une armée et la cour d'un grand chef d'Etat – qui aurait pu être Arthur.

A DROITE: Tableau d'Ivan Lapier reconstituant Tintagel au temps d'Arthur. Il montre un roi (Arthur?), quelques-uns de ses gens et une petite fortification sur la colline.

du cinquième siècle. Cette lutte connut de nombreux épisodes et de nombreux chefs locaux. Deux personnages émergent de la confusion, le plus important étant le plus obscurément enveloppé dans le mythe.

On attribue de façon assez plausible à Ambrosius Aurelianus le commandement de Bretons romains dans la décennie 460 et le début de la décennie 470. Son nom est cité par Gildas, moine dont les écrits nous fournissent un des témoignages les plus vivants et les plus anciens sur la période arthurienne. Aucun autre texte du sixième siècle ne nous est parvenu pour nous éclairer sur le successeur d'Ambrosius, bien que des poèmes gallois postérieurs fassent fréquemment référence à des œuvres perdues de cette époque. Les écrits d'Aneirin au septième siècle et la source connue sous le nom de "Nennius", au neuvième siècle, sont déjà profondément marqués par le mythe mais nous n'y discernons rien de plus qu'une "ombre puissante, une figure de premier plan à travers chaque chronique de son temps, et pourtant jamais nette" (*The Age of Arthur*, Morris).

Cette ombre, c'est Arthur – personnage historique en ce sens qu'il est le concentré et le symbole d'un fait historique, à savoir la résistance des insulaires aux Saxons. A un autre point de vue toutefois, Arthur n'est pas un personnage historique: nous ne savons rien de certain sur lui en tant qu'individu. Ce qui nous est parvenu n'est pas une biographie, mais une légende.

La prétendue carrière d'Arthur s'étend sur une durée impossible. En tant que personnage réel, il se manifesta sans doute dans les dernières décennies du cinquième siècle. Mais sa mémoire prit une telle importance chez les descendants des Bretons que leurs conteurs lui attribuèrent les faits et gestes d'autres hommes qui portaient peut-être le même nom. Ou bien les exploits de disciples plus jeunes, organisés et inspirés par Arthur et qui continuèrent la lutte après sa mort, lui ont-ils été attribués personnellement dans une légende plus tardive?

Des chroniques continentales crédibles parlent d'un chef de Grande Bretagne qui, en 468, fit traverser la Manche à une armée. Elle l'appellent "Riothamus", ce qui, comme Vortigern, se comprend sans doute mieux comme un titre signifiant "Roi suprême". Il existe plusieurs traces d'une tradition identifiant ce chef à Arthur. Mais même un "roi suprême" n'aurait pu faire tout ce que la légende attribue à Arthur. C'est beaucoup trop pour un simple mortel.

*Changé grâce aux breuvages de Merlin en sosie du roi
Gorlois absent, Uther Pendragon, roi des Britons, arrive
au crépuscule devant les portes de la forteresse de
Tintagel. Le garde fait entrer celui qu'il prend pour son
royal maître. Cette nuit-là, Uther la passe avec l'épouse
de Gorlois, la reine Yguerne, qu'il aime à la folie. Cette
nuit-là, elle conçoit Arthur, le plus célèbre des hommes.*

Historia Regum Britanniae, GEOFFROY DE MONMOUTH, 1135–50

La naissance d'Arthur est, bien entendu, enveloppée de mystère. Geoffroy de Monmouth, dans son *Historia Regum Britanniae*, au douzième siècle, déclara avoir utilisé des sources écrites aussi bien que des traditions orales. Le contenu arthurien de cette œuvre fut en réalité presque complètement inventé. Mais il y assortit brillamment cohérence littéraire, perspicacité celtique et sobriété érudite. Pour le peuple, sans doute possible, c'était là l'Arthur historique et peut-être Geoffroy l'a-t-il cru lui-même. Il fait d'Arthur le fils d'Uther Pendragon, à son tour présenté comme le fils d'Ambrosius. Mais Uther est peut-être le résultat d'un contresens sur l'expression galloise *Arthur mah uthr* ("Arthur le Terrible") que Geoffroy peut avoir interprétée à tort comme "Arthur fils d'Uther". Le mot Pendragon est un titre ou une épithète, assez comparable à Vortigern, et signifie probablement "Chef principal", au sens militaire plutôt que politique.

Sur ces bases fragiles, Geoffroy construisit un récit ingénieux, haut en couleur,

L'ENFANCE D'ARTHUR

Dès sa venue sur terre, les elfes le prirent et l'enchantèrent par une magie très puissante; ils lui donnèrent le pouvoir d'être le meilleur de tous les chevaliers; ils lui firent un deuxième don, celui de devenir un roi riche; ils lui en firent un troisième, celui de vivre longtemps; ils lui donnèrent les vertus d'un prince très bon, pour qu'il fût le plus généreux de tous les vivants.

Brut, LAYAMON, env. 1190

d'intrigues amoureuses, de complots politiques et d'interventions magiques dont l'apogée est la naissance d'Arthur. Le devin Ambrosius (ou Emrys, ou Merlin) prédit de Vortigern, un chef qui était en train de battre les envahisseurs saxons pillards, qu'il serait bientôt éliminé par les princes légitimes, Aurelius Ambrosius et Uther et que viendrait un puissant chef "breton", symbolisé par l'Ours de Cornouailles. De fait, Vortigern fut brûlé vif quand Aurelius l'assiégea dans son château de Totnes. Aurelius mourut plus tard et Uther Pendragon devint roi de la Grande Bretagne.

Par la suite, Yguerne, femme de Gorlois, duc de Cornouailles, mère de Morgause, d'Elaine et de la fée Morgane (toutes trois considérées plus tard comme des tentatrices envoyées de l'autre monde), devint l'objet de la passion irrépressible d'Uther. Son mari l'enferma par sécurité dans les murs de son château de Tintagel, mais Merlin intervint et cette nuit-là Yguerne conçut Arthur des œuvres d'Uther. Gorlois qui bataillait au loin fut presque aussitôt et fort opportunément tué au combat; Uther put alors épouser Yguerne et veilla à ce qu'Arthur fût reconnu comme son fils légitime.

L'enchanteur Merlin est un personnage de premier plan dans le récit imaginaire de Geoffroy. Figure mythique, il est aux frontières de la raison et de la déraison, du connu et de l'inconnu, de l'ordre et du chaos.

es légendes montrant un lien entre Arthur et la Cornouailles couraient déjà à l'époque des écrits de Geoffroy de Monmouth. Et, bien qu'il n'y ait aucune preuve associant un Arthur historique avec l'un quelconque des sites prétendus de ses hauts faits, des traits importants et vérifiables de l'histoire de la Cornouailles des cinquième et sixième siècles justifient qu'elle soit au cœur de la tradition arthurienne et de ses récits.

L'influence de la magie est forte dans les légendes arthuriennes de Cornouailles. Ces histoires en relation avec Tristan et Yseut se déroulent dans le pays depuis longtemps perdu de Lyonesse, au large du Mont Saint-Michel de Cornouailles et dans la région de Fowley (Castle Dore et la Pierre de Tristan); ce sont probablement les récits les plus imprégnés de magie.

On peut considérer les influences chrétiennes comme prépondérantes dans les versions du mythe qui dominèrent plus à l'Est. Parmi toutes les traditions qui mélangèrent christianisme et mythe arthurien, une des plus frappantes et influentes fut l'histoire de Glastonbury et du Saint Graal.

D'innombrables générations ont trouvé en Glastonbury un lieu intensément nimbé de mystère et de sainteté. Il n'est guère étonnant que le mythe d'Arthur, avec son mélange de splendeur et de tristesse, ait trouvé là un sol fécond, que la magie semble envelopper de toutes parts.

LE COURONNEMENT D'ARTHUR

Après la mort d'Uther Pendragon, les chefs des Britons, venus de leurs diverses provinces, se réunirent dans la ville de Silchester et là, suggérèrent à Dubricius, archevêque de la Cité des Légions (Caerleon), de couronner Arthur, fils d'Uther. Il appela à lui les autres évêques et accorda la couronne du royaume à Arthur. Celui-ci était un jeune homme de quinze ans seulement mais d'une bravoure et d'une générosité hors du commun et sa bonté innée lui donnait une telle grâce qu'il était aimé de presque tout le monde. Une fois investi des insignes royaux, il observa la coutume en vigueur de faire librement des cadeaux à chacun ... Chez Arthur, le courage s'alliait intimement à la noblesse d'esprit et il décida de harceler les Saxons, afin d'utiliser leurs biens pour récompenser sa suite. Le bien-fondé de sa cause l'encourageait, car il pouvait prétendre par droit de légitime succession à la souveraineté sur toute l'île. Il marcha par conséquent ... sur York.

Historia Regum Britanniae, GEOFFROY DE MONMOUTH, 1135–1150

CI-DESSUS: Des générations successives ont trouvé en Glastonbury (Somerset) un lieu rempli d'un grand mystère, qui en fait tout naturellement un cadre de la légende arthurienne.

A GAUCHE: Miniature. *Le couronnement d'Arthur*, de Matthieu Paris, 1230–1250.

A DROITE: Joseph d'Arimathie. Vitrail de l'église St Jean à Glastonbury.

LE SAINT GRAAL

Les histoires du roi Arthur et la Quête du Graal sont centrées sur Glastonbury. Le Saint Graal était la coupe utilisée par le Christ lors de la Cène et l'on disait qu'il avait été apporté à Glastonbury par Joseph d'Arimathie.

On vénérait Joseph pour le soin qu'il avait pris du corps du Christ. Selon la croyance populaire, il était parti avec un groupe de douze personnes et s'était arrêté à Glastonbury. Ayant gravi la colline de Wearyall ("tous fatigués"), Joseph planta son bâton de pèlerin en terre où il prit racine sous la forme de la Sainte Epine: un arbre dont les rejetons continuent à prospérer jusqu'à maintenant et qui fleurit à Noël. Le Graal devint le but de la quête mystique entreprise par les chevaliers de la Table Ronde, plusieurs siècles plus tard.

u tout début du neuvième siècle, "Nennius", dans son *Historia Brittonum*, répertoria douze batailles dans lesquelles Arthur défit ses ennemis. Peu de sites sont identifiables avec quelque certitude mais il est assez clair que des épisodes importants se déroulèrent aux alentours des grandes forteresses légionnaires, Lincoln à l'Est de l'Angleterre et Chester ou Caerleon à l'Ouest. Il semble aussi qu'il y eut au moins une expédition importante loin dans le Nord à Celidon Wood. Toutes ces batailles ont dû entraîner une guerre de mouvement à grande échelle.

La dernière de ces batailles citées dans la liste faite par "Nennius" au neuvième siècle, est celle du Mont Badon, également mentionnée par Gildas et qui eut lieu très probablement près de Bath.

Après Badon vint une période de calme relatif qui dura environ trois quarts de siècle.

Si la liste des batailles d'Arthur est largement spéculative, du moins repose-t-elle sur un témoignage relativement ancien. Mais quand on cherche à identifier les personnes qui ont pu suivre Arthur dans ses campagnes, on ne peut que se lancer allègrement dans un pur imaginaire.

Les poèmes du *Black Book of Carmarthen* et du *Book of Taliesin*, composés de vers écrits entre les sixième et treizième siècles, contiennent d'énigmatiques références à Arthur, telles que cette allusion à une bande de guerriers ou à un groupe de frères d'armes:

A Llongborth, je vis d'Arthur
Les héros qui tranchent avec l'acier.

Arthur avait certainement une garde du corps formée de compagnons tout spécialement choisis pour leur habileté à combattre à cheval, peu commune à l'époque. C'est là le germe de la partie la plus excitante de la légende arthurienne: la Compagnie des Chevaliers de la Table Ronde.

Les romanciers du Moyen Age, spécialement Sir Thomas Malory, tissèrent une série d'histoires sur les exploits d'un nombre sans cesse croissant de ces héros chevaleresques. Quelques-uns peuvent être fondés sur la réalité: Sir Kay (Sire Keu) apparaît très tôt dans la légende sous le nom de Cai ou Caius, le plus proche lieutenant d'Arthur, de même que Sir Bedivere (Sire Bedoïer) sous le nom de Bedwyr, le porte-lance du roi. Sir Gawain (Sire Gauvain) peut également avoir une origine celtique: Gwalchmai. Sire Lancelot est, par contre, la réponse médiévale à la recherche immémoriale d'un surhomme, un guerrier invincible. Sire Galaad est aussi un personnage imaginaire, le parfait exemple de la chevalerie chrétienne. Sire Perceval a atteint le sommet de la gloire comme personnage de la littérature et de l'opéra allemands; Sire Tristan avait son origine dans le folklore picte.

Tous ceux-là et bien d'autres eurent leur place à la célèbre Table Ronde qu'Arthur fit faire pour ses compagnons d'armes. C'est un hommage rendu à la vigueur de la légende que le grand hall du château royal de Winchester, ancienne capitale des rois saxons, puisse s'enorgueillir d'une telle table.

La destruction du cercle des Compagnons de la Table Ronde et la mort d'Arthur sont peut-être décrites dans les *Annales Cambriae* (Annales du Pays de Galles), qui font allusion à la *"bataille de Camlann où tombèrent Arthur et Mordret"*. Ce dernier est quelquefois présenté comme apparenté à Arthur, mais toujours comme une incarnation du Mal. Pour le vaincre, Arthur devra consentir à se sacrifier.

CI-DESSUS: Slaughter Bridge, le Pont du Massacre, à Camelford, où Arthur aurait reçu un coup mortel.

CI-DESSOUS: La Table Ronde, contre le mur du grand hall du château de Winchester. Fabriquée au début du 14e siècle (d'après sa datation au carbone 14), elle fut repeinte en 1522 pour Henry VIII.

LA CHEVALERIE COURTOISE

... puis le roi établit tous ses chevaliers, et à ceux qui n'avaient pas de terres il en donna et il exigea d'eux de ne jamais se comporter outrageusement, ni de commettre de meurtres et de toujours fuir la trahison; et aussi de n'être en aucune façon cruels mais de faire grâce à qui le demandait, sous peine d'éternelle forfaiture envers la vénération et la souveraineté du roi; et encore de toujours porter secours aux dames, demoiselles et gentes dames, sous peine de mort. Egalement, que personne ne se batte en mauvaise querelle, ni pour la loi, ni pour des biens de ce monde. Tout cela, les chevaliers de la Table Ronde le jurèrent tous, les vieux comme les jeunes. Et chaque année, ils prêtaient serment à la fête de la Pentecôte.

Morte d'Arthur, MALORY, 1460

CI-CONTRE: Instant suprême dans la légende du Saint Graal: le Graal apparaît sur la Table Ronde, quand Sire Galaad occupe le Siège Périlleux. Plus tard, en 1348, Edouard III, inspiré par les légendes d'Arthur et de ses chevaliers, fonda le Très Noble Ordre de la Jarretière.

LES PRINCIPAUX CHEVALIERS

SIRE KEU: l'un des premiers compagnons d'Arthur, son fidèle sénéchal. Personnage rude, cynique mais intrépide et loyal.

SIRE LANCELOT: le plus valeureux combattant de tous, héros de nombreux romans de chevalerie; son amour pour la reine Guenièvre finit par détruire la cohésion de la Table Ronde.

SIRE BEDOÏER: fidèle partisan d'Arthur depuis le tout début de son règne et l'unique chevalier à survivre à la fatale bataille de Camlann.

SIRE BOHORT: personnage de premier plan dans la quête du Graal et l'unique chevalier à survivre à cette aventure et à retourner à la cour d'Arthur.

SIRE GAUVAIN: neveu du roi Arthur, vaillant guerrier finalement tué dans le combat contre son demi-frère Mordret. Toujours au service des dames et à celui des justes causes.

SIRE GALAAD: le chevalier parfait, pour sa courtoisie et sa pureté comme pour sa force. Tout l'idéalisme de la légende d'Arthur est condensé dans son personnage tel qu'il est montré en exemple dans sa recherche personnelle du Graal.

SIRE PERCEVAL: une première version du personnage de Galaad et finalement le héros de la quête du Graal.

SIRE TRISTAN: neveu (ou fils?) du roi Marc de Cornouailles, amant d'Yseut la Blonde et en même temps d'Yseut aux Blanches Mains. Son histoire est devenue l'un des romans d'amour traditionnels de toutes les époques.

SIRE MORDRET: l'incarnation du Mal, comme Galaad était celle du Bien. Selon certains récits, fils illégitime d'Arthur et de sa demi-sœur. Mordret détruisit finalement le règne d'Arthur dans une guerre civile et la compagnie de la Table Ronde fut anéantie à la bataille de Camlann.

 'emplacement de Camlan(n), lieu de la dernière bataille d'Arthur et de sa mort, reste complètement obscur. Le mot signifie berge tortueuse ou gorge encaissée et l'on a proposé bien des sites, de Birdoswald sur le Mur d'Hadrien à Camelford en Cornouailles; deux endroits en Cornouailles portent le nom de Camlan. Le Sud de Cadbury, près de la rivière Cam, pourrait s'en prévaloir. De tous les sites possibles pour Avalon, l'heureuse Ile aux Pommes (*Avallach* en gallois) où fut apporté le corps blessé d'Arthur, aucun ne saurait mieux convenir que Glastonbury.

Une localisation de la dernière bataille d'Arthur dans le Somerset conviendrait à ceux qui revendiquent Glastonbury comme lieu de son inhumation. Les formes les plus anciennes de la légende ne pouvaient se résoudre à tuer le roi, car avec lui mourrait tout espoir; elles le décrivaient donc plutôt comme endormi, dans l'attente d'un nouvel appel à se dresser et sauver son peuple. C'est ainsi que l'historien William of Malmesbury écrivit au début du douzième siècle que "nulle part on ne peut voir la tombe d'Arthur et pour cette raison les anciens poèmes content qu'il va revenir".

Ce ne fut qu'en 1190 que les moines de Glastonbury songèrent à chercher la tombe d'Arthur sur leur propre domaine – puis prétendirent aussitôt l'avoir trouvée.

L'Ile aux Pommes, que les hommes appellent l'Ile Bienheureuse, est ainsi appelée parce qu'elle produit toutes choses par elle-même. Là, les champs n'ont nul besoin de paysans pour les labourer et Nature seule pourvoit à toute leur culture … Là, après la bataille de Camlann, nous amenâmes Arthur blessé … et Morgane nous reçut avec les honneurs requis. Elle plaça le roi Arthur dans sa propre chambre, sur un lit doré, de sa noble main découvrit elle-même la blessure et la contempla longuement. Enfin, elle dit que la santé pourrait lui revenir s'il restait avec elle longtemps et souhaitait qu'elle fît usage de son art de guérir. Nous en réjouissant, nous lui confiâmes donc le roi et au retour abandonnâmes nos voiles aux vents favorables.

Vie de Merlin, GEOFFROY DE MONMOUTH, 1135–1150

PAGE DE GAUCHE: Arthur sur son lit de mort. Une représentation du 19e siècle de la scène en Avalon, par l'artiste préraphaélite Edward Burne-Jones. Le roi, mourant, repose tranquillement sous un dais richement décoré; il est pleuré par de nobles dames et apaisé par une mélopée plaintive – toutes choses à des lieues de la dure réalité médiévale.

EN HAUT: Les ruines de l'abbaye de Glastonbury.

CI-CONTRE: Dessin de William Camden (17e siècle) de la croix qu'il affirmait provenir de la tombe d'Arthur dans l'abbaye de Glastonbury. La preuve est mince mais il n'est pas du tout sûr que cet objet, dessiné par Camden de bonne foi, ait été un faux, comme l'ont prétendu certains.

Arthur apparaît très fréquemment comme un héros britannique populaire mais, doit-on ajouter, avec maintes incohérences dans les premiers poèmes et contes gallois. Beaucoup d'entre eux furent ensuite rassemblés dans les *Mabinogion*.

"Ces contes sont d'une infinie variété. Certains … incorporent des éléments étranges, païens, provenant d'un passé pré-chrétien et … d'autres sont conformes au développement des légendes arthuriennes … Ces histoires ont dû prendre tournure, être élaborées et transmises à travers les âges" (Gwynfor Evans). Différents sites du Pays de Galles se découvrent donc des liens avec Arthur. Caerleon, en tant qu'important centre romain, allait figurer au premier plan dans tout récit du déclin et de la chute du pouvoir romain en Grande Bretagne.

Du point de vue linguistique, le gallois dérive du "briton" de la fin de l'époque romaine. Du point de vue culturel, il est significatif que le nom Cymri dérive de Cumbrogi, c'est à dire "concitoyens", nom que se donnaient les résistants durant l'invasion.

Ce qui est plus curieux, c'est que les deux écrivains les plus marquants du douzième siècle, Geoffroy de Monmouth et Gerald of Wales, qui avaient tous deux des attaches galloises et qui ensemble firent beaucoup pour enraciner le culte arthurien dans les esprits, ont insisté sur les liens d'Arthur avec la Cornouailles et le Somerset. On a suggéré qu'ils avaient ainsi voulu calmer les inquiétudes du roi Henry II sur tout ce qui pouvait inciter à la révolte ses turbulents sujets gallois.

Les Tudors virent la question sous un jour tout à fait opposé. Il n'y a donc rien d'étonnant à ce qu'Henry VII ait nommé son fils aîné Arthur (mort en 1502, avant de régner) et à ce qu'E. Spenser (1552–1599) ait donné au mythe une nouvelle expression galloise dans *La Reine des fées*.

Dans la France de la Renaissance, les romans de la Table Ronde, qui avaient eu un immense succès au Moyen Age, tombèrent peu à peu dans l'oubli, au grand désespoir de connaisseurs, tels le grand poète Joachim du Bellay, qui écrivait en 1549, dans la *Défense et illustration de la langue française*: "Choisis-moi quelqu'un de ces beaux vieux romans français comme un Lancelot, un Tristan, ou autres …" Mais il fallut attendre le Romantisme pour faire revivre Arthur, ses chevaliers et le Saint Graal.

Cullwch, cousin d'Arthur, arrive dans la salle royale "sur un coursier à la crinière gris clair, vieux de quatre hivers, à l'enfourchure bien prise, aux sabots solides, un mors tubulaire en or dans la bouche. Et sous le cavalier, une précieuse selle d'or et il a dans une main deux lances d'argent bien aiguisées. Une hache de guerre dans l'autre, longue, du dos au tranchant, comme l'avant-bras d'un homme adulte. Du vent, elle pouvait tirer du sang; elle était plus rapide que la plus rapide goutte de rosée tombant d'une tige sur le sol quand la rosée est la plus lourde, au mois de juin. Une épée à la garde d'or sur sa cuisse, et la lame en est d'or et il porte un écu en or repoussé, avec à l'intérieur la couleur de la lumière du ciel et en son centre un ombon d'ivoire."

LES MABINOGION, env. 1100

CI-DESSUS: L'île de Bardsey, au large de la côte Nord-Ouest du Pays de Galles. Un des lieux particulièrement associés à Merlin qui, suivant une des traditions, y vit encore.

A GAUCHE: Scènes de tournoi à Caerleon en présence du roi Arthur. L'artiste a soigneusement représenté une foule de détails mentionnés par Geoffroy de Monmouth.

A DROITE: Dinas Emrys, ou Château de Bran. Le légendaire Bran dont l'histoire est imbriquée dans les origines du mythe arthurien, avait sa forteresse ici, à Llangollen.

Voyez le noble roi de Bretagne, le roi Arthur, avec tous les nobles chevaliers de la Table Ronde. Ses nobles faits et la noble courtoisie de ses chevaliers occupent tant de gros volumes. O vous, chevaliers d'Angleterre, où est la coutume et usage de noble chevalerie qui avait cours en ces jours-là? Que savez-vous faire d'autre qu'aller aux bains et jouer aux dés? Et quelques-uns, bien mal avisés, ne suivent pas une honnête et bonne règle, contrairement à tout commandement de l'état de chevalier: Laissez tout cela, laissez-le et lisez les nobles volumes du Saint Graal, de Lancelot, Galaad, Tristan, Perceforest, Perceval, Gauvain et bien d'autres encore. Là vous trouvez humanité, courtoisie et noblesse de caractère.

Le mythe arthurien est essentiellement une complainte sur un passé perdu. Qu'il s'agisse de la Grande Bretagne romaine, le magique pays de Logres, ou de l'âge d'or de la chevalerie, il y a toujours un âge meilleur à célébrer et à pleurer. Peu importe que l'idéal ait pu être fantasmé hors de toute vraisemblance avec la réalité: le sentiment de la perte imaginée excite une faim plus profonde que tout besoin terre-à-terre.

Ainsi, quand les rudes brutalités de la chevalerie militaire s'estompèrent graduellement pour faire place aux élégantes conventions de la courtoisie chevaleresque, les romanciers arthuriens, de Chrétien de Troyes à Sir Thomas Malory, trouvèrent un public préparé à l'expression de leurs fantasmes.

Ils dépeignent un monde littéralement *courtois*, un monde dans lequel la *cour* du roi est souvent le cadre et toujours le centre de l'action. La vie du chevalier n'a d'autre but que d'obtenir la considération de ses pairs et surtout l'approbation du roi. Bien des contes débutent ou finissent par les fêtes dont on pourrait presque penser qu'elles étaient le but de la vie à la cour (par exemple, *Gauvain et le chevalier vert*).

Les tournois, alternant avec les festins, sont l'occasion de recourir au rituel courtois, au faste et au déploiement de prouesses devant les dames. Mais, simples imitations de la guerre, ils suscitent moins d'engouement que les exploits "réels", généralement accomplis par une seule personne pour assurer le meilleur effet dramatique.

Pour prouver leur héroïsme, souvent en réponse à un défi, des chevaliers quittent la cour, parfois dans un but précis: exterminer

CI-DESSUS: A GAUCHE, Sire Keu défie en vain Lancelot de relâcher son prisonnier et, A DROITE, Gauvain échappe aux gardes d'une princesse pour pénétrer dans sa chambre à coucher.

EN BAS A GAUCHE: La chapelle de Gauvain (Pays de Galles).

CI-DESSOUS: Lancelot et Guenièvre sur la tombe d'Arthur. Tableau de Rossetti.

un monstre (Sire Keu et le chat d'Anglesey) ou sauver une belle dame en détresse et quelquefois simplement en quête d'aventure. Au cours de ces expéditions, on attendait du vrai chevalier qu'il fît preuve d'une grande bravoure et d'une grande dextérité dans le maniement des armes, mais aussi de qualités importantes telles que patience, générosité et courtoisie (Sir Thomas Malory, *Le Livre de Sire Perceval*).

Au fur et à mesure de l'évolution du code de chevalerie, l'héroïsme chevaleresque en vint à être moins considéré comme une fin en soi et fut de plus en plus mis au service

d'idéaux plus élevés. "L'idée du *gentleman* et le culte de l'amour romantique sont tous deux des legs du combattant à cheval. Ce qui était au début un stratagème désespéré pour combattre la force brutale et irresponsable devint à son heure un système d'éthique" (Foss, *Chivalry*). Le culte de l'amour courtois exigeait du chevalier de protéger toutes les dames, de leur porter assistance et particulièrement d'entreprendre tout ce que pouvait exiger de lui l'objet de ses sentiments pleins de respect; c'était une affaire déraisonnablement artificielle, mais son emprise sur l'imagination des contemporains de Chrétien de Troyes par exemple était stupéfiante. Ainsi, Sire Lancelot est dépeint comme un chevalier tellement courtois que, de même qu'il ne passe jamais devant une église sans mettre pied à terre et dire une prière, de même il s'agenouille en adoration devant le lit de sa bien-aimée et fait une génuflexion en quittant sa chambre.

L'idéal chrétien symbolisé dans la Quête du Graal est bien sûr en conflit potentiel avec le sensualisme raffiné de l'amour courtois. Composante du mythe arthurien, la plus élevée et aussi la plus éloignée de ses racines pragmatiques, le thème du Graal offre des difficultés que seuls les plus grands romanciers commencèrent à surmonter. Celui qui y parvint le mieux fut Thomas Malory (env. 1408–1471) dont le souci primordial n'était pas la religion, pas plus que l'amour courtois, mais l'idéal de la chevalerie en soi. "… le résultat de l'histoire du Graal est finalement de présenter un héros qui échoue, importante étape vers le roman moderne, car Lancelot reste un héros après son échec" (Barber, *King Arthur – Hero and Legend*).

LANCELOT ET GUENIÈVRE

Guenièvre était la belle épouse d'Arthur et Lancelot un de ses chevaliers. L'histoire de leur amour adultère fut le thème de nombreux récits du Moyen Age; leur amour dura des années mais Arthur fut obligé de le rendre public à cause de l'intervention de Sire Mordret, le mauvais chevalier. Comme l'adultère était trahison, Arthur dut condamner Guenièvre à être brûlée vive à Carlisle. Lancelot la sauva mais, ce faisant, tua plusieurs chevaliers, précipitant ainsi la chute de la compagnie de la Table Ronde.

En s'amplifiant, la légende arthurienne a revêtu de nombreuses formes. On trouve ses origines dans des écrits anciens, à commencer par l'ouvrage en latin de Gildas, au sixième siècle, *Destruction et conquête de la Bretagne* (qui ne mentionne jamais le nom d'Arthur), puis dans les *Annales Cambriae* commençant à la fin du dixième siècle et dans l'*Historia Brittonum* du neuvième siècle. Tous ces documents ne font que jeter un bref coup d'œil sur Arthur et il y apparaît plus comme l'incarnation d'un concept – résistance héroïque, charisme d'un chef – que comme un personnage historique au sujet duquel on peut commencer par les questions "qui? quand? où? comment?". On peut en dire autant des premières apparitions d'Arthur dans la poésie, dans les poèmes de Gododdin ou Llongborth ou dans ceux attribués à Taliesin, tous probablement basés sur du matériel de la fin du sixième siècle. Il est inutile de rechercher un "Arthur réel" dans des sources comme celles-là: leur valeur de preuve réside dans leur propre nature, non dans un contenu d'informations explicitement proposées à la curiosité du lecteur.

Une fois achevé le processus d'invasion et d'implantation des Saxons, on peut déceler une évolution vers une forme littéraire dans les contes populaires. L'art des conteurs des neuvième, dixième et onzième siècles se préoccupe moins de qualités héroïques telles que le sacrifice de soi; on célèbre davantage des traits plus communs. Arthur se montre sous des aspects variés: bandit, tricheur, débauché, aussi bien que chef et guerrier. Ce sont là les portraits qui suscitèrent la colère de William of Malmesbury qui écrivit en 1125 au sujet de "cet Arthur sur qui les contes bretons délirent aujourd'hui et qui mérite manifestement non des fables mensongères mais des histoires vraies".

Ces "histoires vraies" n'apparurent vraiment que dix ans plus tard, avec l'*Historia Regum Britanniae* de Geoffroy de Monmouth.

Geoffroy écrivait au moment où les destinées de l'Angleterre étaient associées de façon particulièrement étroite aux événements du continent, en raison des ambitions de la dynastie régnante, les Plantagenets. De ce point de vue, il n'était que trop naturel

CI-DESSOUS: La légende de Tristan et Yseut, d'après un manuscrit français d'environ 1470. Sire Tristan, vaillant guerrier et probablement ami de Lancelot, était un membre respecté de la Table Ronde. C'était un prince du pays de Lyonesse, en Cornouailles, et l'histoire de son amour pour Yseut est devenue une des histoires d'amour classiques. Dans l'illustration ci-dessous, Tristan, que l'on voit à bord du bateau au premier plan, boit le philtre d'amour; à l'arrière-plan arrive Yseut, à bord d'un bateau à la voile noire. Cette sombre histoire d'amour faisait appel à la sensibilité quelquefois morbide de la fin du Moyen Age.

La Pierre de Tristan, près de Fowey en Cornouailles. Les mots DRUSTANUS HIC IACET CUNOMORI FILIUS (ci-gît Drustanus, fils de Cunomorus) sont gravés sur une face de la pierre. Cunomorus était connu par une source du 9ᵉ siècle sous le nom de Marcus (peut-être le roi de Cornouailles); Drustanus est une autre forme de Tristan.

qu'il proposât une "dimension continentale" à son histoire d'héroïsme né sur le sol britannique. Dix-sept ans après la parution de l'*Historia Regum Britanniae*, Henry II fut couronné roi d'Angleterre; lors de sa plus grande extension, son empire couvrait la plus grande partie de la France et s'étendait au Pays de Galles et à l'Irlande. Sur un fond de conquêtes réelles et de succès épiques, des histoires des expéditions arthuriennes en Gaule et même des allusions faisant parvenir Arthur à la dignité impériale de Rome devaient sembler assez raisonnables. Ainsi Geoffroy prêta à Arthur la conquête des pays des Pictes et des Irlandais, l'annexion de l'Islande, l'aventure de l'édification d'un empire continental comprenant la Norvège et le Danemark aussi bien que la Gaule; il en était au point de traverser les Alpes pour affronter l'empereur romain en personne, quand on le rappela pour combattre Mordret. De telles extravagances s'accordaient bien avec l'ambiance de l'époque; du moins ne causèrent-elles aucun tort à Geoffroy auprès des autorités, qui le promurent bientôt évêque de St Asaph.

CI-CONTRE: **Sire Lancelot quitte à cheval le château de Joyeuse Garde.** Lancelot avait délivré ce château d'un sort maléfique, qui l'avait fait appeler la Douloureuse Garde. En en prenant possession, il y avait trouvé une tombe portant inscrit son propre nom. Il accepta son destin et s'appropria l'endroit.

ARRIERE-PLAN: Le Château Bambourg (au large de la côte du Northumberland), emplacement légendaire du Château de Lancelot, Joyeuse Garde.

’ouvrage en latin de Geoffroy fut, à l’aune du douzième siècle, un “best-seller”; il engendra deux rejetons particulièrement remarquables, le *Roman de Brut*, adaptation en français écrite par Robert Wace vers 1155 et une version en anglais intitulée *Brut*, écrite vers 1190 par un prêtre du nom de Layamon. Le poème de Layamon est d’un intérêt particulier, car il conserve en grande partie le style et l’esprit des poèmes épiques anglo-saxons antérieurs.

Jusque là, Arthur avait été présenté comme un personnage historique, même s’il était admis d’enjoliver les récits le concernant. Chrétien de Troyes, d’autre part, chercha délibérément à écrire (*v.*1170–1190) des romans distrayants, sur un ton qui attirerait les gens raffinés, au goût formé par les trouvères. Il insista sur les subtilités de l’amour courtois et ouvrit ainsi la voie à un thème important de la littérature arthurienne: la Quête du Saint Graal. Immanquablement, quand les contes se répandirent, le “monde” arthurien s’agrandit et se développa, de sorte que les écrits romanesques

A GAUCHE: Ces minia-
tures françaises qui
illustrent des épisodes
pris dans les romans
arthuriens datent de
1274. AU-DESSUS:
Lancelot a une vision
d'un chevalier malade
guéri par le Graal.
AU-DESSOUS: Perceval
assiste à la messe dans
un ermitage avec le
roi mutilé.

A DROITE: *La Demoiselle
du Saint Graal*, de
Dante Gabriel Rossetti.
Selon la légende, la
Graal était porté par
une pucelle – que l'on
voit ici couronnée par
la colombe du Saint-
Esprit. Les préraphaéli-
tes comme Rossetti
furent très attirés par
le fervent mysticisme
de la légende du Graal.

CI-DESSOUS: Le paysage
épique de Badbury
Rings (Dorset), l'un
des sites proposés
comme emplacement
de la dernière bataille
d'Arthur (Badon),
dans laquelle on lui
attribua le massacre de
160 ennemis à lui seul.

de Chrétien eurent tendance à s'intéresser aux chevaliers d'Arthur et à leurs dames, plus qu'au roi lui-même.

Ecrite entre 1190 et 1210, l'œuvre de Robert de Boron est particulièrement importante par le développement qu'elle accorde au thème du Graal. Rédigé également en France, ce que l'on appelle Cycle de la Vulgate, datant du début du treizième siècle, donna la plénitude de sa forme et de sa force au conte romanesque de Lancelot et de Guenièvre. Hollande, Espagne, Portugal, Italie, Allemagne, apportèrent leur contribution au corpus littéraire arthurien (il existe même, datant de 1279, une traduction en hébreu du Cycle de la Vulgate). Mais à la fin du treizième siècle, Arthur perdit la faveur du continent et l'Angleterre prit le relais.

Le style des traductions anglaises des contes arthuriens, comme de la plupart des contributions anglaises originales de l'époque, est nettement moins élégant que celui de leurs modèles français: ils sont souvent vulgaires, en fait terre à terre et sans raffinement, bien plus proches des contes populaires que de véritables romans d'amour. Le personnage de Gauvain devint le centre d'un intérêt tout particulier; il est le sujet du seul chef-d'œuvre indiscutable de l'époque: *Sire Gauvain et le Chevalier Vert*. Comme le *Brut* de Layamon, il reste dans le sillage étroit mais puissant de la poésie épique anglaise. Il date de la période 1360–1390 et a peut-être été écrit à la requête de John of Gaunt mais sa paternité est un mystère; l'auteur écrivit dans le dialecte des midlands du Nord-Ouest et semble avoir été bien introduit dans la société raffinée et érudite; à part cela, nous ignorons tout de lui.

Presque aussi mystérieux est Sir Thomas Malory, Chevalier du Warwickshire et du Northamptonshire, qui écrivit la dernière mais à bien des égards la plus marquante des contributions médiévales à la légende d'Arthur. S'il faut en croire la chronique, c'était autant un délinquant récidiviste qu'un génie littéraire; mais il a peut-être été victime d'un coup monté politique. Quelle que soit la vérité sur l'homme, son œuvre est sa justification. C'est une synthèse magistrale de tous les thèmes et idées des écrivains antérieurs, rendue avec une force, une unité et une clarté qui redonnèrent vie à Arthur et à ses chevaliers et conféra un statut classique à l'ensemble du mythe. *La Morte d'Arthur*, de Sir Thomas Malory, fut imprimée par Caxton en 1485.

Lorsque la légende connut une diffusion plus large, des pays autres que la Grande Bretagne se préoccupèrent de situer les épisodes arthuriens sur leur propre territoire. La France devint presque copropriétaire du mythe. Perceval (Parzival) s'épanouit aussi, particulièrement en Allemagne. Et l'imagination foisonnante des méditerranéens n'éprouva aucune gêne à ajouter Arthur au panthéon des héros et thaumaturges italiens.

Il n'est pas nécessaire d'aller dénicher des relations "réelles" entre la Grande Bretagne et le continent, entre les cinquième et sixième siècles, pour expliquer ou justifier les inventions de Geoffroy de Monmouth ou de ses successeurs. Mais il est bon de noter que les romanciers ont, peut-être par inadvertance, fait entrevoir une vérité plus valable que celle dont ils faisaient état: car la culture romaine que "l'authentique" Arthur essayait de défendre était commune à l'ensemble de l'Europe occidentale civilisée. Les migrations qui eurent lieu de la Grande vers la Petite Bretagne (l'Armorique) sous la pression des invasions saxonnes nous en disent peut-être autant sur la réalité des exodes durant le bas-empire romain que sur la gravité de la menace qui déclencha un tel mouvement. Et la longue présence des descendants britanniques dans ce qui avait été l'Armorique fournit un terreau propice

Galaad s'approcha du Graal et regarda à l'intérieur. En contemplant les mystères qu'il révélait, il trembla violemment de la tête aux pieds. Levant les bras au ciel, il dit: "Seigneur Dieu, je vous vénère et je vous rends grâces d'avoir comblé un grand désir de voir ce dont nul ne pouvait parler, ce que personne ne pouvait imaginer. Le Graal est la source d'un courage intrépide, de tous nos efforts; c'est le miracle qui surpasse tous les autres miracles. Par votre pouvoir, j'ai posé les yeux sur lui et atteint le couronnement de tous mes vœux terrestres. Je vous prie de m'enlever maintenant de cette vie vers la vie éternelle".

Au moment précis de la mort de Galaad, Bohort et Perceval furent témoins d'une grande merveille. Une main sans corps descendit du ciel et emporta le vase et la lance aux cieux. Depuis lors, aucun homme n'a jamais osé dire qu'il avait vu le Saint Graal.

LA QUETE DU SAINT GRAAL, 1200–1250

A GAUCHE: Sire Bohort est forcé de faire un choix. Doit-il sauver son frère maltraité par de brutaux chevaliers-brigands (à gauche) ou bien secourir une jeune fille qu'on enlève (à droite)? Les dilemmes d'un héros esclave du devoir furent explorés en détail par les romanciers arthuriens du milieu du Moyen Age.

A GAUCHE: Une représentation d'Arthur en chevalier de la Renaissance. Cette magnifique statue fut coulée par Peter Vischer sur un dessin d'Albert Dürer. Elle se trouve dans la Hofkirche à Innsbruck, hommage rendu à l'expansion comme à l'universalité de la légende d'Arthur.

A DROITE: Le roi Arthur sous les traits de l'un des Neuf Grands – personnages de héros souvent représentés dans l'art de la fin du Moyen Age; trois étaient pris dans l'Ancien Testament, trois dans l'histoire classique et trois dans les récits épiques du Moyen Age: Charlemagne, Godefroi de Bouillon et le roi Arthur (détail d'une tapisserie française *env*.1400).

CI-DESSOUS: Les collines d'Eildon près de Melrose, site supposé d'une des batailles d'Arthur et emplacement d'une vaste chambre souterraine pleine de chevaliers assoupis.

à un développement continental des légendes arthuriennes.

Les chevaliers de ces légendes étaient bien sûr calqués sur la réalité de la fin du Moyen Age. Les progrès intervenus dans la technique des armuriers s'étaient combinés avec des perfectionnements dans la sellerie et le harnachement des chevaux et dans l'amélioration par croisements de la force des destriers. Tout cela aboutit à une évolution spectaculaire. Le chevalier du quinzième siècle était un combattant redoutable, recouvert de la tête aux pieds d'une armure à plaques, capable de diriger avec précision une poussée de sa lance additionnant tout le poids et l'élan de l'homme et du cheval au galop, avant de recourir à des manœuvres plus mobiles avec son épée, sa hache ou sa masse d'armes. Seul le grand arc manié par les archers anglais pouvait abattre ce puissant seigneur des batailles médiévales.

Guenièvre et Morgane

out compte fait, on peut avec raison se demander si la légende du roi Arthur aurait connu une telle longévité ou un tel pouvoir, n'eût-elle été également une des grandes histoires d'amour.

Au centre de cette histoire, bien entendu, se trouve l'épouse d'Arthur, la reine Guenièvre. Son nom, Gwenhwyfar en gallois, signifie Blanc Fantôme, évocation fort à propos d'un ou de plusieurs personnages nébuleux, envoûtants. Y eut-il deux Guenièvres? ou même trois? Et quels étaient leurs liens de parenté? Les théories abondent.

La morale chrétienne proprement dite fut remarquablement lente à rejoindre Guenièvre. Le culte héroïque de l'amour courtois, tel que Chrétien de Troyes et ses successeurs le célébraient, était essentiellement une affaire païenne. Quand Sir Thomas Malory vint refondre le mythe, il se contenta de subordonner l'amour aux devoirs incombant à la chevalerie et non aux obligations chrétiennes. En fait, il appartint aux revivalistes du dix-neuvième siècle de s'attaquer aux problèmes impliqués dans la réconciliation des amours romanesques des chevaliers d'Arthur et de leurs dames avec l'éthique chrétienne du mariage.

Le Romantisme, avec sa redécouverte du Moyen Age, redonna vie à la légende arthurienne. Ce mouvement fut d'abord perceptible en Grande-Bretagne. Malory fut réimprimé en 1816. Tennyson publia un poème arthurien, *The Lady Of Schalott*, en 1832. Les *Mabinogion* furent publiés de 1837 à 1849. L'Angleterre se couvrit de manoirs pseudo-médiévaux construits par la classe riche. Les peintres préraphaélites exploitèrent la veine arthurienne. Au palais de Westminster, la "Robing Room" de la reine fut décorée de fresques arthuriennes. Sur le continent, le roi Louis II de Bavière édifia à grands frais le somptueux château de Neuschwanstein, délire arthurien qui attire aujourd'hui des foules de visiteurs. Wagner composa *Tristan et Isolde* en 1859 et *Parsifal* en 1882.

Plus près de nous, la légende ne cessa d'inspirer, directement ou indirectement, de nombreux écrivains, dont T.S. Eliot, John Steinbeck, Apollinaire, Barjavel, Julien Gracq et bien d'autres.

Enfin, le "septième art", l'art éminemment populaire de notre époque, n'a pas consacré moins d'une vingtaine de grands films (sans compter les téléfilms) aux légen-

des et aux héros de la Table Ronde et de la Quête du Graal.

Le roi Arthur n'était qu'endormi: il est de nouveau parmi nous, image de nous-mêmes quelque part dans nos rêves.

26

En attendant qu'au 19e siècle les romantiques déforment l'histoire de Guenièvre pour leur propre compte, le côté sombre de la sexualité dans le mythe d'Arthur fut représenté par l'influence maléfique de la fée Morgane, la magicienne, clairement dérivée du personnage d'une déesse celtique. Même si elle pouvait au début être présentée comme bienfaisante, les superstitions enfiévrées de la fin du Moyen Age la transformèrent de déesse de la fertilité en sorcière, jusqu'à ce que pour Malory elle soit "une experte en nécromancie". Même vue ainsi, elle n'est pas sans posséder une fascination qui lui est propre.

A DROITE: La fée Morgane était une demi-sœur d'Arthur. Ses parents étaient Yguerne et Gorlois, duc de Cornouailles, supplanté par Uther en vue de la conception d'Arthur. Morgane étudia la magie sous la direction de Merlin; elle avait le pouvoir de guérir, de changer de forme, de s'envoler et surpassait ses autres sœurs en beauté et habileté. Au fur et à mesure du développement de la légende, l'influence de Morgane fut présentée comme de plus en plus maléfique. En "Petite Bretagne", on a voulu situer son château, où Arthur lui aurait rendu visite, près d'Huelgoat.

A GAUCHE: *Guenièvre*, de William Morris. Au cours du 19e siècle, les légendes de chevalerie, d'exploits chevaleresques et de nobles dames furent une grande source d'inspiration pour les artistes préraphaélites et les écrivains.

LA FEE MORGANE

Elle, qui est la première des trois, est plus habile dans l'art de soigner et surpasse ses sœurs par la beauté de sa personne. Morgane est son nom et elle a appris ce que toutes les herbes contiennent de propriétés utiles, de sorte qu'elle peut guérir les corps malades. Elle connaît aussi un art grâce auquel elle peut changer de forme et fendre l'air sur des ailes neuves, comme Dédale.

Vie de Merlin, GEOFFROY DE MONMOUTH, 1135–1150

EXCALIBUR ET LA DAME DU LAC

La plus connue des histoires d'Arthur raconte comment, encore jouvenceau, il arracha une épée à un roc pour la donner à son frère en vue d'un tournoi. Il ne se rendit pas compte qu'aucun autre chevalier ne pouvait le faire, et que celui qui y réussirait était le roi légitime. Par la suite, quand Arthur brisa son épée au combat, Merlin l'emmena sur un lac isolé. Un bras brandissant une épée magnifique fendit la surface de l'eau et une enchanteresse, la Dame du Lac, dit à Arthur que l'épée pouvait être à lui. Arthur et Merlin ramèrent pour aller saisir l'épée. Elle fut nommée Excalibur et grâce à elle, Arthur vainquit de nombreux ennemis.

Pour le lecteur d'aujourd'hui:

Une abondance de récentes traductions ou adaptations en français moderne atteste de la vitalité de la fascinante légende arthurienne, en particulier:

Les Romans du roi Arthur et de ses Chevaliers de la Table Ronde, traduits de Thomas Malory par P. GOUBERT, 2 vol., éd. L'Atalante, Nantes, 1994,

et dans les collections populaires:
CHRETIEN DE TROYES, *Oeuvres complètes,* Coll. Pochothèque,

ainsi que des compilations ou œuvres séparées dans:
Le Livre de Poche, 10/18, G/F, Bouquins, Stock, Larousse…
où l'on retrouvera tous les héros de la Table Ronde et du Graal.

EN ARRIERE-PLAN:
L'étang de Dozmary, dans la lande de Bodmin, l'une des étendues d'eau que l'on prétend être l'endroit où repose Excalibur, l'épée d'Arthur. L'aspect mélancolique, presque sinistre, de l'environnement de l'étang encourage certainement de telles légendes.

Le roman d'amour possède la faculté de se réadapter à chaque époque. Chacune reprend la légende immortelle d'Arthur et se plaît à imaginer que la dernière version est la plus véridique. Mais chaque siècle doit encore tirer du passé sa propre émotion et ses propres couleurs.